国家出版基金项目
NATIONAL PUBLICATION FOUNDATION

记住乡愁
——留给孩子们的中国民俗文化

刘魁立 ◎ 主编

第十一辑 生肖祥瑞辑

生肖猪

本辑主编 张 勃

黄清喜 张云红 ◎ 编著

黑龙江少年儿童出版社

编委会

序

亲爱的小读者们，身为中国人，你们了解中华民族的民俗文化吗？如果有所了解的话，你们又了解多少呢？

或许，你们认为熟知那些过去的事情是大人们的事，我们小孩儿不容易弄懂，也没必要弄懂那些事情。

其实，传统民俗文化的内涵极为丰富，它既不神秘也不深奥，与每个人的关系十分密切，它随时随地围绕在我们身边，贯穿于整个人生的每一天。

中华民族有很多传统节日，每逢节日都有一些传统民俗文化活动，比如端午节吃粽子，听大人们讲屈原为国为民愤投汨罗江的故事；八月中秋望着圆圆的明月，遐想嫦娥奔月、吴刚伐桂的传说，等等。

我国是一个统一的多民族国家，有 56 个民族，每个民族都有丰富多彩的文化和风俗习惯，这些不同民族的民俗文化共同构筑了中国民俗文化。或许你们听说过藏族长篇史诗《格萨尔王传》

中格萨尔王的英雄气概、蒙古族智慧的化身——巴拉根仓的机智与诙谐、维吾尔族世界闻名的智者——阿凡提的睿智与幽默、壮族歌仙刘三姐的聪慧机敏与歌如泉涌……如果这些你们都有所了解，那就说明你们已经走进了中华民族传统民俗文化的王国。

你们也许看过京剧、木偶戏、皮影戏，看过踩高跷、耍龙灯，欣赏过威风锣鼓，这些都是我们中华民族为世界贡献的艺术珍品。你们或许也欣赏过中国古琴演奏，那是中华文化中的瑰宝。1977年9月5日美国发射的"旅行者1号"探测器上所载的向外太空传达人类声音的金光盘上面，就录制了我国古琴大师管平湖演奏的中国古琴名曲——《流水》。

北京天安门东西两侧设有太庙和社稷坛，那是旧时皇帝举行仪式祭祀祖先和祭祀谷神及土地的地方。另外，在北京城的南北东西四个方位建有天坛、地坛、日坛和月坛，这些地方曾经是皇帝率领百官祭拜天、地、日、月的神圣场所。这些仪式活动说明，我们中国人自古就认为自己是自然的组成部分，因而崇信自然、融入自然，与自然和谐相处。

如今民间仍保存的奉祀关公和妈祖的习俗，则体现了中国人崇尚仁义礼智信、进行自我道德教育的意愿，表达了祈望平安顺达和扶危救困的诉求。

小读者们，你们养过蚕宝宝吗？原产于中国的蚕，真称得上伟大的小生物。蚕宝宝的一生从芝麻粒儿大小的蚕卵算起，中间经历蚁蚕、蚕宝宝、结茧吐丝等过程，到破茧成蛾结束，总共四十余天，却能为我们贡献约一千米长的蚕丝。我国历史悠久的养蚕、丝绸织绣技术自西汉"丝绸之路"诞生那天起就成为东方文明的传播者和象征，为促进人类文明的发展做出了不可磨灭的贡献！

小读者们，你们到过烧造瓷器的窑口，见过工匠师傅们拉坯、上釉、烧窑吗？中国是瓷器的故乡，我们的陶瓷技艺同样为人类文明的发展做出了巨大贡献！中国的英文国名"China"，就是由英文"china"（瓷器）一词转义而来的。

中国的历法、二十四节气、珠算、中医知识体系，都是中华民族传统文化宝库中的珍品。

让我们深感骄傲的中国传统民俗文化博大精深、丰富多彩，课本中的内容是难以囊括的。每向这个领域多迈进一步，你们对历史的认知、对人生的感悟、对生活的热爱与奋斗就会更进一分。

作为中国人，无论你身在何处，那与生俱来的充满民族文化DNA的血液将伴随你的一生，乡音难改，乡情难忘，乡愁恒久。这是你的根，这是你的魂，这种民族文化的传统体现在你身上，是你身份的标识，也是我们作为中国人彼此认同的依据，它作为一种凝聚的力量，把我们整个中华民族大家庭紧紧地联系在一起。

《记住乡愁——留给孩子们的中国民俗文化》丛书，为小读者们全面介绍了传统民俗文化的丰富内容：包括民间史诗传说故事、传统民间节日、民间信仰、礼仪习俗、民间游戏、中国古代建筑技艺、民间手工艺……

各辑的主编、各册的作者，都是相关领域的专家。他们以适合儿童的文笔，选配大量图片，简约精当地介绍每一个专题，希望小读者们读来兴趣盎然、收获颇丰。

在你们阅读的过程中，也许你们的长辈会向你们说起他们曾经的往事，讲讲他们的"乡愁"。那时，你们也许会觉得生活充满了意趣。希望这套丛书能使你们更加珍爱中国的传统民俗文化，让你们为生为中国人而自豪，长大后为中华民族的伟大复兴做出自己的贡献！

亲爱的小读者们，祝你们健康快乐！

二〇一七年十二月

目　录

猪的驯养历史、现状及价值

| 猪的驯养历史、现状及价值 |

猪为杂食类哺乳动物，身体肥壮，四肢短小，鼻子口吻较长，性情温顺，适应能力强，繁殖快，平均寿命20年左右。在十二生肖中，猪排在最后一位，所对应的地支是亥位。猪的别名很多，有豕、亥氏、豮、豚、豨、刚鬣、汤盎、印忠、黑面郎、黑爷、乌将军、长喙将军、天蓬元帅、乌羊、舒胖子等。本章描述猪的驯养历史、现状及价值。

一、猪的历史——高贵的身份

猪与人类关系密切。根据对历史文物和猪骨化石的研究证明，现代家猪的祖先是野猪。也就是说，世界上

| 野猪 |

现有的各个种类的家猪，都是由野猪驯化而来的。

野猪为黑褐色，年老的野猪背上混生白毛。野猪的犬齿极为发达，呈巨牙状，于上颌两侧向外上方生长，称为獠牙。野猪性情凶暴，常在夜间出来掘食农作物，有时也袭击家畜甚至伤人。

世界上最早的家猪大约出现在一万年前的中东地区。最初，野猪只是人类狩猎的对象之一。随着捕猎工具的逐渐改进，捕获野猪的数量不断增多，而且有些还是活的，一时吃不完，于是人们便把它们饲养起来，这就是最早的家猪。从中国的情况

| 人猪合葬墓 |

来看，考古学家于内蒙古敖汉旗史前遗址中发现一处八千年前的人猪合葬墓。墓主人一侧合葬着一雄一雌两头野猪。除此之外，该遗址还出土了多具猪骸骨。考古学家拿了7具（包括人猪合葬墓中的猪骸骨）去化验，发现其中3具已不是纯种的野猪，这说明我国原始初民此时已开始驯养野猪。

| "家"字 |

我国原始初民在长期的狩猎过程中总结出系统的驯化动物的知识，把吃不完的动物豢养起来并进行繁殖，从而使这些动物变成了家畜。猪以其温顺、繁殖能力强的优势，为我国原始初民提供了食物保障，这使豢养生猪成为当时的普遍现象。因此，"家"字字形就成了"宀"（即房屋）中有"豕"（即猪）了。

| 人造陶猪 |

| 猪型陶器 |

山东泰安大汶口原始遗址等史前遗址中都发现了大量的猪骸骨。考古学家认为，当时衡量贫富的标志不是黄金白银，而是猪的数量。在部落图腾时期，猪还是豕韦部族①的图腾。此外，河姆渡遗址出土了人造陶猪、山东胶县出土了猪形陶器、辽宁牛河梁女神庙出土了猪头神像、内蒙古兴隆洼出土了猪龙，这都表明早期中华文明曾普遍存在着"猪崇拜"。到西周初年，猪已为六畜之一，之后更成为六畜之首。

可以说，"家"字字形的构造见证了我国原始初民由游猎生活向畜牧生活过渡的历史。

除敖汉旗史前遗址外，在陕西半坡遗址、姜寨遗址，

| 猪头神像 |

①中国古代夏商时期位于黄河中下游的古诸侯国。

| 兴隆洼玉猪龙 |

在《现代汉语词典》中，六畜的排名就是猪、牛、羊、马、鸡、狗，即把猪排在首位。可见，猪在古代其身份确实很高贵。

二、猪的现状——庞大的家族

全世界共有三百多个家猪种类，可称得上是个庞大的家族。我国有家猪种类近百个，几乎占总数的三分之一，堪称猪种资源最丰富的国家。我国家猪起源于华南

野猪和华北野猪。华南野猪耳小而直立，华北野猪耳大而下垂，两者的体形特征及毛色、繁殖能力等也都有很大差异。华南野猪分布于福建、广东、广西等地，华北野猪则分布于华北和安徽、四川等地。直至现在，华南家猪和华北家猪都有若干差异，并且分别与华南野猪和华北野猪的体质有相似之处。现在，根据体质、来源和外形特征，我国地方家猪大致可分为华南型、华北型、

| 莱芜猪 |

7

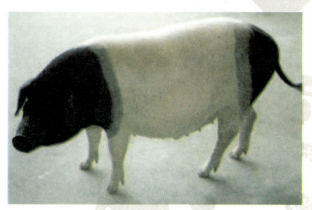

| 金华猪 |

| 宁乡猪 |

| 大围子猪 |

华中型、江海型、西南型、高原型共六种类型。

我国地方猪类型复杂，特色各异，且都具有肉质优良、繁殖能力和抗逆性强等特点。随着生产的发展，我国对地方猪进行了改良，培育出许多新品种，著名的有三江白猪、湖北白猪、浙江中白猪、湘白Ⅰ系猪、上海白猪、北京黑猪、哈白猪、汉中猪、新淮猪等。这些新品种既保留了我国地方猪种的优良特性，又具有外国猪种生长快、耗料少、瘦肉率较高的特点，在很大程度上改良了我国地方猪种的缺点。同时，我国还引进了一些优良的外国猪种，著名的有约克郡大白猪、杜洛克猪、伯克郡猪、斯洛猪、马里兰Ⅰ号猪等。外国猪种的引进推动了我国养猪业的发展。

三、猪的价值——全身心的奉献

　　猪的全身都是宝。就其对人类的价值与贡献来说，是较为突出的。

　　首先是食用价值。猪肉味道鲜美，营养价值丰富，富含人体所需要的蛋白质、维生素 B、脂肪、钙、铁、磷等营养物质。吃猪肉可以让人感觉精力充沛，是人们日常摄取蛋白质、脂肪和微量元素的良好来源。

　　其次是药用价值。猪肉性味甘，滋阴润燥，可提供血红素（有机铁）和促进铁吸收的半胱氨酸，能改善缺铁性贫血。猪排骨滋阴，猪肚补虚损、健脾胃；猪血、猪肝是补血佳品；猪肉、猪

| 炖猪脚 |

| 梅菜扣肉 |

| 狮子头 |

| 大肠炒腌菜 |

| 蔚县生肖猪年画剪纸 |

心、猪肠、猪肾、猪肺、猪骨、猪脑、猪蹄、猪油、猪皮、猪骨髓等都可以用作食疗食材。

｜蔚县生肖猪年画剪纸｜

再次是器官转基因移植价值。猪的器官在大小、结构和功能上都与人体器官相近，在转基因器官移植技术上能为人类提供良好的异种移植器官。这成为各国科学界进行异种器官移植的主要研究方向和目标。

此外，猪对人类日常生活的贡献也很大。猪为现代工业提供了诸多原材料。从猪骨脂中提取的脂肪酸可用于制作洗发水和护发素，使头发光泽亮丽。猪皮可制成衣服、皮包、皮鞋、皮带等。猪毛可做成各种毛刷。就连猪粪也是优质的肥料。

猪还是文艺形象的重要

灵感来源。在文学艺术作品中，猪的形象被塑造得丰富多彩。一方面，猪代表愚笨、懒惰、贪吃、贪睡、自私、占小便宜、耍小聪明、好色、肮脏；另一方面，猪又象征着勇敢、憨厚、忠诚、谨慎、诚实、温顺、质朴、率真、可爱。众多文艺作品中关于猪的形象和内涵读来至情至理，耐人寻味。

"猪是农家宝，家家离不了""种田要养猪，养儿要读书"成为了中国古代耕读传家的优良传统。可见，猪不仅对农业社会作用巨大，在推进人类文明进步的过程中也发挥了不可或缺的作用。

十二生肖中的猪

|十二生肖中的猪|

猪在人类的历史进程中发挥了十分重要的作用。自古以来，人们对猪也非常重视，并将之列入十二生肖之中。

一、十二生肖概述

生肖，又称属相，或称相属，简称属。十二生肖是指代表十二地支而用来表称农历（夏历）纪年相属和人的出生年的十二种动物。经过两千多年的继承和发展，十二生肖已成为中国一种特殊的文化现象，形成比较稳固的民族心理和文化观念，具有无穷魅力。大量文献资料证明，十二生肖说起源于中国。至于始于何时，目前还没有准确的考证，但很可能起源于我国古代部落联盟中各个氏族的值日制度。这一值日制度起初只是按照各氏族的动物图腾编排的，后来才逐渐形成固定的纪日周期。

《路史》载"伏羲推策

| 十二生肖
剪纸 |

作甲子"，《史记》载"黄帝建造甲子以命岁"。学者认为这两则记载并非虚，而且其所说的甲子，就包括了十二生肖纪日。直接反映生肖文化观念的表述曾出现在《诗经·小雅·吉日》："吉日庚午，既差我马。"意思是庚午日是骑马出去打猎的好日子。午与马相对，可见春秋前后，地支与动物的对应关系早已确立并广为流传。湖北省云梦县睡虎地出土的秦简也证实了这一点，只是当时的十二生肖中有鹿无狗，排列次序也略有不同。与现在流行的十二生肖完全一致的说法始于东汉。东汉王充在《论衡》中有完整的记载。他写道："寅木也，其禽虎也；戌土也，其禽犬也；丑未亦土也，丑禽牛，未禽羊也。木胜土，故犬与牛羊为虎所服也。亥水也，其禽豕也；巳火也，其禽蛇也；子亦水也，其禽鼠也；午亦火也，其禽马也……"之后十二生肖便被普遍使用至当下。

十二生肖的选择和排列顺序主要有四种说法：

第一种说法是以动物出没活动的时间来安排。这种说法认为，子时（23时~1时，以下类推），老鼠觅食，活动最为活跃；丑时是牛反刍的时间；寅时是老虎四处寻找食物、最凶猛的时候；卯时是月亮还挂在天上、太阳未升的时候，玉兔正忙着捣药；辰时正是传说中群龙行雨的时刻；巳时是蛇伏草不出来伤人的时候；午时太阳当头，阳气刚生，是马精神

亢奋之时；未时，传说羊喜欢吃未时的青草，草虽被吃，但草根的再生则愈来愈强，故属羊；猴子最喜欢在黄昏将临的申时啼叫；酉时黄昏来临，鸡开始归窝；戌时进入黑夜，狗是守夜的家畜；亥时夜深，以能睡著称的猪此时睡得最熟，长肉也最快。

第二种说法是以卦象推演的时间排列的。"鼠咬天开"是说子时（23时~1时）天地混沌一片，盖因老鼠咬破缝隙，才有了白昼。天开之后，"地辟于丑（1时~3时）"，牛擅长耕田，当以牛辟地。寅时（3时~5时）是人出生之时，有生必有死，而猛虎对于人类是巨大的威胁，人们由畏而敬，故寅有敬畏之意，与虎相配。卯时（5时~7时）为日出之象，

日属离卦，中间所含阴爻象征玉兔，故卯配兔。辰时（7时~9时）是三月的卦象，正值群龙行雨之时，当属龙。巳时（9时~11时）是四月的卦象，此时春草繁茂，是蛇结束冬眠的好时机，巳时又是蛇觅食归洞之时。午时（11时~13时）阳气正盛，阴气萌生，马驰骋飞奔，四蹄时而腾空，时而踏地，阴阳交替。这样，午就属了马。未时（13时~15时）是羊吃草的最佳时辰，易于上膘，所以把未属羊。申时（15时~17时）日薄黄昏，恰是山猿哀啼之时，所以猴配申。酉时（17时~19时）月初升，鸡归巢，且月属水，对应坎卦，其上下阴爻则代表着太阳金乌。所以酉属鸡。戌时（19时~21时）夜幕降临，狗开始守夜。所以戌属狗。亥时（21时~23时）天地混沌，胡吃闷睡、浑浑噩噩的猪正如此状，故猪成为亥的属相。

第三种说法是按动物脚趾数量排列。这种说法是把脚趾是偶数的动物排在前，脚趾是奇数的动物排在后，一偶一奇间隔排列。然而，鼠的脚趾最为奇特，别的动物的脚趾数量都相同，唯独老鼠是前足四趾后足五趾，由于老鼠奇偶同体，无法按上述排列原则来安排它，于是将它置于首位。在它的后面依次是：牛（四趾，偶数），虎（五趾，奇数），兔（四趾，偶数），龙（五趾，奇数），蛇（无趾，同偶数），马（一趾，奇数），羊（四趾，偶数），猴（五趾，奇数），鸡（四趾，偶数），狗（五趾，奇数），猪（四趾，偶数）。

第四种说法见下文《笑谈猪登生肖榜》中第一个故事：《黑猪排位耍"聪明"》。

二、笑谈猪登生肖榜

十二生肖中的猪与自然猪虽有一定联系，但也不尽相同，它在自然猪形象和特征基础上赋予了相应的文化内涵。以下是猪以不同方式登上生肖榜的三个故事，这些故事折射出了不同的文化寓意。

（一）黑猪排位耍"聪明"

混沌初开，玉皇大帝下令要在天庭召开一个生肖大会，普召天下动物，按子、丑、寅、卯、辰、巳、午、未、申、酉、戌、亥十二地支选拔十二个属相。他给所有动物都发了

道开会的圣旨。接到圣旨后，猫和老鼠都很高兴，决定一起去参加大会。那时候，猫和老鼠是非常要好的朋友，它们像亲兄弟一样生活在一起。猫因为知道自己很爱打瞌睡，所以在开会前一天，就预先跟老鼠打了招呼。

"鼠弟！明天五更要去天庭应选，你知道我有贪睡的毛病。"猫客气地说，"明天你去生肖大会的时候，如果我睡着了，你就叫我一

下好不好？"

老鼠拍着胸脯说："你放心睡好啦！到时候我会叫醒你的！"

猫说了声"谢谢"，就放心地睡着了。第二天，老鼠很早就起来了，可是它并没有叫醒熟睡的猫，而是独自去了天庭。

这天，灵霄宝殿里热闹非凡。玉帝按天地之别，挑

选了龙、虎、牛、马、羊、猴、兔、鸡、狗、猪、蛇、鼠十二种动物来做十二属相。玉皇大帝刚要来给它们排座次，只见黑猪站了出来。这老黑，别看它生得笨嘴拙腮，却专爱惹是生非。它奏道："明君既已选好十二首领，小臣愿意替您排出位次。"玉皇大帝闻言大喜，嘱咐黑猪要秉公排位，就退朝了。

玉皇大帝刚一走，大家就闹成了一锅粥。

开头，大家一致推选温和、憨厚的老黄牛居首位，连威武的老虎和苍龙也因敬重黄牛几分而表示同意。可是，缩在墙角的老鼠却钻了出来，提出抗议说："论大数我大，不信我们到人间比比，听听百姓的评价。"于是，老黄牛和老鼠一同来到街头

| 生肖猪剪纸 |

闹市。

老黄牛在人群中走过时，人们毫无反应。这时，老鼠"哧溜"一下子爬到牛背上，街上的人们纷纷大叫："好大的一只老鼠！快打死它！"等人们拿出棍棒赶来扑打时，老鼠早已跑远了。

它们回到天庭后，大家都替老黄牛打抱不平，只有黑猪暗自高兴。它觉得只有这样，自己才可从中得利。于是它大笔一挥，将老鼠置于首位，之后才排老黄牛。

黑猪的举动惹恼了老虎和苍龙，它俩大叫起来，震得天庭颤动。大家忙向苍龙和老虎作揖，一致推选老虎为山中之王，苍龙为海中之王，统管天下。猴子为了讨好老虎，将王字金匾贴在老虎的额前；公鸡为了讨好苍

龙，则将自己一对漂亮的角奉送给了它。老虎和苍龙因为得到了好处也就甘居老鼠和老黄牛之后了。这时，又跳出一只多事的野兔来，它冷笑一声，说："嘿嘿！论长相我和老鼠差不多，论个子我比老鼠大，我是山王的护卫，应排在海王前面。"

苍龙一听大怒，说："你休得胡搅蛮缠，不服气咱们比试比试。"黑猪一听正中下怀，忙说："一言为定，你们就比赛跑吧，我们来做你们的裁判员。"

赛跑开始了，苍龙腾云驾雾，片刻间就飞到前面去了。可是，当它飞到灌木丛中时，角被树枝挂住了，怎么也摘不下来。野兔趁此机会一口气跑到了终点。见胜负已定，黑猪便把野兔排在

苍龙之前、老虎之后。

猎狗去给野兔贺喜时，向野兔卖好说："要不是我帮你剪掉尾巴，你哪有今天的胜利啊！"原来，比赛之前，猎狗曾告知野兔，它的尾巴会阻碍前进，便提议将野兔的尾巴剪掉。看到野兔获得了胜利，猎狗自以为是大功臣。没承想，野兔却说："哼！我是凭自己的本领取胜的，没有你，我还丢不了那条漂亮的尾巴呢！"猎狗一听，眼睛都气红了，它说："既然你那么厉害，那咱俩也比一比！"野兔傲慢地说："这有什么难的，我先跑，你要能追上我，我请你啃骨头。"说着，就得意扬扬地跑了起来。猎狗磨了磨爪子，飞也似的追了出去。不一会儿就撵上了野兔。它用嘴咬

断了野兔的脖子，一边吃，一边说："好了，这下该我啃骨头了。"为这事，猎狗受了处分，被排到最后头。

苍龙赛跑失败后，经常背地里抱怨是那对鸡角拖累了它，但又不肯把那两只角还给公鸡。从此，失去了两只角的公鸡，每天天一亮，一想起它那对失去的角，就放开喉咙大叫："龙哥哥，角还我……"

现在，只剩下猴、蛇、马、羊、猪几位没有排位了。黑猪又别有用心地煽动起来："猴弟是杂耍大王，蛇弟是游泳能手……你们几个谁先谁后呢？"经过一番讨论，它们决定再到人间，以杂技表演的方式进行一次民意测验。

比赛那天，青蛇和红马各显神通，排在了前头，山

羊和猴子排在了后头。黑猪给大家排完名次后，偷偷地把自己写在最前头，还暗中庆幸自己不费吹灰之力便能后来居上。

黑猪将名次表呈给了玉皇大帝。知晓一切的玉皇大帝接过名次表一看，二话没说，便将排在第一的黑猪的名字勾掉，放到了最后头。于是，十二生肖的排位依次是子鼠、丑牛、寅虎、卯兔、辰龙、巳蛇、午马、未羊、申猴、酉鸡、戌狗、亥猪。

排选已定，玉皇大帝降下圣旨，令值日功曹到人间发布。玉皇大帝因怒气未消，又挥笔给黑猪批了十六个字：

无用蠢材，颠倒黑白。

罚去吃屎，一年一宰。

黑猪被贬，一下气出了个大肚子。它终日躺在窝里，再也懒得管闲事了。然而，有时它也控制不住自己，便用嘴巴到处乱拱。

老鼠回到家里，高兴地跳起舞来，把熟睡的猫惊醒了。猫问道："还没到去天庭的时候吗？"老鼠说："早过了，我还争了个第一呢！"接着，它向猫绘声绘色地吹嘘了起来。猫懊恼地说："我再三和你说，你怎么不叫我一声呢？"老鼠却抢白说："我叫你去，兴许你还抢了我的位置呢！"猫一听，气得长须倒竖，杏眼圆睁，它张开锋利的爪子，一个箭步扑上去就把老鼠吃掉了。从此，猫和老鼠成了世代冤家。

（二）坐吃山空罚做猪

古时候有个员外，家财

万贯，良田万顷，只是膝下无子。谁知他年近花甲时，却得了一子，员外为庆贺自己后继有人，大摆宴席。宴庆之时，有位相士来到孩子面前，见这孩子额宽脸大，耳廓有轮，天庭饱满，又白又胖，便断言这孩子将来必是大富大贵之人。

从此，这个胖小子可谓是糖里生、蜜里长，从小衣来伸手，饭来张口。长大后，

| 在今天，猪被设计成各种可爱的形象 |

他也不习文武，不修农事，每日只是花天酒地，游手好闲。他认为自己命相已定，不必辛苦操劳。待他父母去世之后，这个胖小子不但不用心经营，反而依然过着挥金如土的生活。后来，他家道衰落，典卖田产，家仆四散。直到最后他饿死在房中。

他死后阴魂不散，到阎王那里去告状，说自己天生富贵相，不该如此惨淡而亡。阎王对此也觉得奇怪，便将他带到玉帝面前，请玉帝查一查是何道理。于是玉帝召来灶神，向灶神问及此事。灶神便将这胖小子不思上进、坐吃山空、挥霍无度的行为一一禀告了玉帝。

玉帝一听，大怒，令胖小子跪下听旨："你命相虽好，却懒惰成性。罚你为猪，

只吃粗糠，一年一宰！"

这时，恰逢天宫在挑选生肖动物。天宫里的差官认为此事可以一举两得，当即把这胖小子带下人间，既变成一头猪去吃粗糠，又充当生肖的末班值日官。

这个故事还有另一个版本，说的是胖小子死后阴魂不散，被阎王带到天庭去查其死因。人间灶神将他好吃懒做、挥霍无度的罪行一一作了禀告之后，胖小子顿时感到羞愧万分，无地自容，表示甘愿接受玉帝的任何惩罚，即使要他献出一身肥肉也在所不惜。玉帝对他好吃懒做的行为深恶痛绝，本想把他直接变成一头猪，但之后被他的诚心所感动，就把他在变成猪的同时让猪也排在了生肖榜末位。

（三）笨鸟先飞荣登榜

话说天宫排列生肖的那天，玉皇大帝规定各种动物必须按时到达天庭，取最先到达的十二种动物作为生肖。猪自知体笨，行走缓慢，便决定笨鸟先飞。它不到半夜就起床赶路。忠厚善良的猪还在路上帮助了许多动物，由于路途遥远，障碍也多，当猪拼死拼活爬上南天门时，

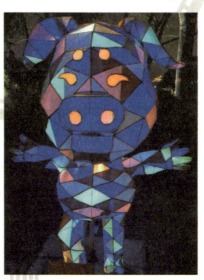

| 在传统节日的灯会中，也经常见到猪的影子 |

| 飞天猪 |

虽然还有一个名额，但这时南天门开放时辰已过，守门的天神将猪拒之门外。在受过他帮助的动物们苦苦央求下，被感动的天神破例打开南天门，把猪放了进去，补上了最后一名生肖空缺。这样，马、牛、羊、鸡、狗、猪这六畜就都成了人间的生肖。

神话故事中的生肖猪

| 神话故事中的生肖猪 |

本章所介绍的是一些与猪有关的神话传说。在这些神话传说中，猪或为图腾崇拜的对象，或为创世神兽，或为人祖，与人类关系极为密切，这体现了猪在人类的文明进步过程中无可替代的作用。

一、猪图腾崇拜

远古时期，人类对猪的图腾崇拜现象非常普遍。

《山海经·海内经》中说，黄帝之子韩流"人面，豕喙，麟身，渠股，豚止"。《山海经·海内经·北次三经》有"状皆彘身而载玉""状皆彘身而八足"的记载。这

些"神"都是我国初民将猪视为图腾的一种表现。

我国南方的少数民族，如傈僳族、哈尼族等以猪作为本氏族的图腾圣物。云南新平县的彝族中有猪槽氏族认为猪槽在远古时期为本族祖先立下过功劳，所以严禁人们用跨或坐的方式接触猪槽。西藏地区的珞巴族认为野猪是他们的祖先，对其多有禁忌。假如在迫不得已的情况下猎捕到野猪，也要存放一晚，等野猪的灵魂离开了肉体后再食用，这样就不会伤害祖神。如果珞巴族妇女有中不育、流产、难产者，则需要用猪血来驱逐她们身

上的"恶魔"。

生活在新几内亚和南太平洋美拉尼西亚群岛的人们视猪为圣物，在一些专门的日子里，会用猪肉制成美味佳肴。印度安达曼岛地区的居民对野猪也十分崇拜，认为月神有时会变成猪。

总之，世界各地在远古时期确实都存在过对猪的图腾崇拜。

二、猪神信仰

猪神信仰有很多，本节只涉及猪龙传说、与猪有关的创世神话、人祖信仰和感生神话。

（一）猪龙传说

内蒙古兴隆洼出土的红山文化玉雕卷龙是猪首龙身，辽红山遗址群的女神庙主室上部有一座平卧的石猪像，猪的前足呈爪形，这是猪神化龙的体现。猪与龙合为一体，成为"猪龙"。这很可能是当时两个分别以猪、龙为图腾的部落融合在一起的历史证明。

汉族有为人类造福的猪婆龙民间传说。猪婆龙本生活在银河里，经常将银河水

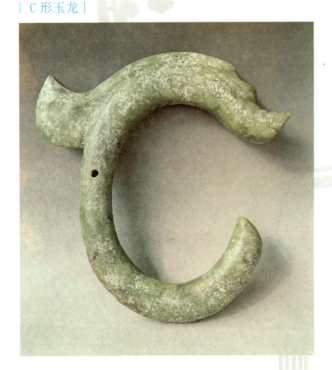

| C形玉龙 |

洒向人间，使禾苗生长。玉帝知道这件事后大怒，派兵去捉拿猪婆龙。猪婆龙逃往人间，它从海底钻入了山间，结果人间就有了泉水，百姓得以为生。玉帝见状，便令龙王降下洪水，想要灭绝地上的人类。猪婆龙化作一名名叫猪娘的少女，混入难民中，逃到了山上。后遇青年猎人鲧，他们相爱成婚，生子名禹。鲧治水身亡后，猪婆龙悉心养育禹，并教给他治水的方法。禹成人后，被推选为首领，率众疏河治水。猪婆龙每在夜间便现出原形助人掘河，所掘之处又深又长。后来，众人发现了这件事。猪婆龙被识破身份后，羞于见人，从此钻入地下，不再出现。

现今宜兴龙池山上的龙

| 大禹像 |

池庙（原为大禹庙），便是为纪念猪婆龙母子治水之功而建。

（二）创世神话

在彝族的神话传说中，猪是开辟土地的英雄，是救人于苦难之中的无私奉献者。

相传在古时候，格兹天神从天上扔下九个金果和七个银果。金果变成了九个儿子，其中五个去造天；银果变成了七个姑娘，其中四个去造地。造天的儿子们好吃懒做，天造得很小；造地的姑娘勤勤恳恳，地造得很大，结果天盖不住地。格兹天神让阿夫想办法解决这个难题。于是阿夫派了三个儿子抓住天边往下拉，把天拉得很大；又让蛇围着地箍紧地面，让蚂蚁咬地边，并让三对野猪和大象去拱地，直到拱出了高山和坝子、大海与河流。就这样天拉大了，地缩小了，两者终于合了起来。

猪在民间有"长喙将军"之称，善于拱地。神话利用猪的这一特征，想象出猪拱出大地的丰功伟绩来。这反映了古人对具有超自然神性的猪神的崇拜。

| 猪神像 |

（三）人祖信仰

珞巴族人的一则有关于猪的神话中认为，野猪是他们的另一支——米日人的祖先：珞巴人带猎狗上山打猎，见到一头野猪，猎狗猛追，野猪趁机钻进洞穴。猎人们和狗团团包围了洞穴，然而等了许

| 生肖猪神将 |

没有捕到其他动物，也必须把捕到的野猪多留一天，等野猪的灵魂离开了肉体才能宰杀食用，这样就不会伤害祖神。

（四）感生神话

不仅少数民族崇拜猪，汉族也有崇猪之风。明代陈耀文《天中记》卷五引《汉

| 猪官送子 |

久也没有看到野猪，却听到洞里传来婴儿的啼哭声。大家冲进去，发现洞里有一个婴儿，野猪却不见踪影。猎人们将婴儿养育成人，婴儿长大后做了米日人的王。从此，野猪变人的神话传说使猪成为珞巴族的图腾，所以珞巴人平时忌讳捕食野猪。如果某天捕猎只捕到野猪而

武帝故事》云："景帝梦高祖谓己曰：王美人生子可名为彘。"《洞冥记》解释了汉武帝降生的图腾感生传说："景帝梦一赤彘从云中下，直入崇芳阁，景帝觉而坐阁下，果有赤龙如雾，来蔽户牖。宫内嫔御，望阁上有丹霞蓊蔚而起……乃改崇芳阁为猗兰殿。"二梦互有关联，因梦命彘名而再梦赤猪。然后果如其言，王夫人在此殿生武帝，名彘，后改为彻。猪成为帝王出世的吉兆，可见它与图腾崇拜的密切关系。

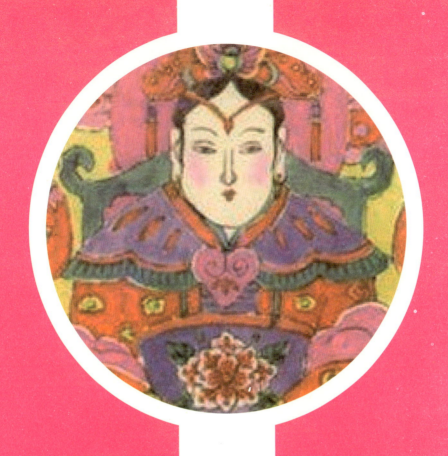

民间传说中的生肖猪

|民间传说中的生肖猪|

本章主要介绍与猪有关的行业神。每一行业都有自己崇拜的神，这种崇拜同民族文化相关联，又同各地风土人情、历史典故相结合，因此行业神多而繁杂。

一、养猪保护神

猪在农村占有重要地位，是农民的主要经济来源之一。养猪就怕猪得病，如果猪病死，那么农民的收入也将大打折扣。因此，人们希望世间有一位养猪保护神来专门保护猪。

（一）马氏娘娘

浙江省景宁县大际乡一

|猪圈里的猪|

带的畲族家家户户都供奉着马氏娘娘，她是养猪行业的保护神。传说，过去在大际乡这个地方，猪总养不大，所以很少有养猪的人家。到明代，有一个人赶着四十九头小猪到大际乡做生意。谁知走遍九村十三垟，直到太阳偏西他的小猪还是无人问津，于是只好怏怏地赶着小猪回家。途经马氏仙宫时，一头小猪突然跑进了田地，

| 马氏娘娘像 |

眨眼之间就不见了。说来也怪，一马平川的田地，那人找来找去就是找不到自己丢失的小猪。贩猪人想到自己劳累了一整天，不仅没有一点儿收获，还赔上了一头小猪，不由得大哭起来。在田地里干活的农夫都很同情他，大家商量了一下，决定买下他的小猪，来帮助他解决困难。就这样，不到一个时辰，剩下的四十八头小猪就被抢购一空。没想到，这一年全大际乡人家养的猪一

个个长得又肥又大，人们感到又惊又喜，奔走相告。因为当初那头小猪是在马氏仙宫旁边走失的，人们便认为这是马氏娘娘显灵来帮助大家养猪。为了感谢马氏娘娘，大家议定：在每年的秋收时节，选出黄道吉日举办抢猪节以答谢神食。这一习俗一直延续至今。

（二）四官菩萨

作为养猪的保护神，在四川川东地区，祭祀护猪神特别普遍。除夕夜，农家将四官菩萨（俗称"四官佬"或"四官老爷"）与家神（"天地君亲师之位"或"某氏历代昭穆考妣之位"）合祭。每家拿出一块硕大、带有乳头的猪腹肉，配以香烛纸钱等，毕恭毕敬地供于神台前。

之所以用带有乳头的猪腹肉为祭，是因为这个部位的肉肥厚松软，寓意猪长得快。祭毕，再拿刀到猪圈去祭四官菩萨，祭时祷告："四官菩萨，灵验些，保佑我家的猪快快长大，无灾无难。用肉敬你……"一年四季八节①，杀猪或卖肥猪后均以香、烛、纸钱、刀敬之。至于平时，只要猪显露病态，也要口念"四官菩萨保佑"之语。

据考证，四官菩萨信仰以太原人杨端因在遵义做官有善政而建的祠祭祀为中心，附以严、唐、罗、冉四人（是一个神群体，主司财神，身兼养猪保护神）。其香火在四川最为旺盛，但信仰之源却在贵州遵义，因此四官菩萨在贵州的名声比四

| 杨端像 |

川还大。那么，为什么年年四川敬之为专职养猪保护神呢？这大概因为四川养猪业在农村经济中占有特别重要的地位，而在科技相对落后的农村，养猪就怕瘟病，猪一旦病死，则一年钱财尽失。因此，从某种意义上来说，猪即是财，财亦是猪。作为四官菩萨的财神，在四川特别是川东一带就只能降尊屈贵，专心保护猪了。

①八节，指立春、春分、立夏、夏至、立秋、秋分、立冬、冬至八个节气。

二、圈神

农家养牲畜还会供奉圈神，求其保佑六畜兴旺。祭祀圈神多在圈头栏边。最主要的圈神有圂神和猪栏神。

（一）圂①神

圂神是最普遍的圈神，本职是厕神。在中国南方农村，厕所、猪圈多合二为一，很多地方的猪圈置于粪坑之上或紧傍粪坑。这样，猪圈更容易清理，同时粪坑又兼作人解手之用。因此，厕神就兼为圈神了。厕神即紫姑神（后世亦称"坑三姑娘"），六朝已有相关的传说和习俗，唐、宋盛行。厕神原型之一是西汉的戚夫人。据说因其死于厕而成厕神，然而干宝《搜神记》却把淮南全椒县的丁姑作为紫姑故事的蓝本，把丁姑说成了紫姑神。唐、宋时，也有人将紫姑说成是一个姓何名媚的女性，并赋予其先知功能，被迎祀于家，占卜诸事。于是紫姑摇身一变，成为仙女。

| 戚夫人像 |

（二）猪栏神

浙西南山区，猪栏神是家中祭祀的神尊之一，但不立神位，只在猪栏旁边插一炷香。过年时，杀了年猪

①圂（hùn），指厕所。

的人家用碗装一小块猪肉上供。在这里猪栏神不是紫姑神，而是传说中大名鼎鼎的姜子牙。

话说在姜子牙的辅佐下，周武王灭掉了商纣王。为了战争中死去的忠臣、孝子和神仙的魂魄不再四处游荡、无依无靠，元始天尊命令姜子牙按照功劳大小到封神台上对他们进行分封。姜子牙为他们一个一个分封了神位，并偷偷把东岳大帝的神位留给了自己，想等自己死后，去东岳庙受人供奉，总管人间吉凶祸福。因为有很多神位要封，姜子牙一时粗心大意，竟然把兴周灭商的大功臣黄飞虎漏封了。黄飞虎发现自己竟然榜上无名，便来责问姜子牙："军师！大家都封了神位，为什么我没有？"

这时，只剩下东岳大帝和猪栏神两个神位。姜子牙猛然意识到自己的粗心大意，连忙说："不要着急，我早就把东岳大帝这个神位给你留好了。"

黄飞虎听了满心欢喜，又问："军师！这么好的神位给我了，那你自己呢？"

姜子牙苦笑着说："我嘛，只剩下一个猪栏神了，我就去做猪栏神吧。"

黄飞虎说："那个小神位一年到头也没有多少香火啊。"

姜子牙当然知道猪栏神不是肥缺，但事已如此，他也不能改口，于是他说："每年大年三十，人间的香火都归我，也不少了。"

其实，姜太公在神话传

| 姜太公像 |

说中是威服众神的神灵，无论什么事，只要写"姜太公在此，鬼神免见"或"姜太公在此，百无禁忌"之类的符文，均可化险为夷。可见，猪栏神只是姜子牙的"兼职"而已，但猪乃是农家主要经济命脉，非威力无穷的姜太公来镇守不足以让养猪主人放心。这也从一个侧面说明了养猪对农家的重要性。

三、阉割神

作为阉割对象的中国牲畜，以猪为大宗。所以，一说到阉割，人们首先想到的就是猪。

"阉割去势"即为提高牲畜、家禽质量而对其实行阉割。家畜阉割术起源的时间和发明者，民间传说有四种：第一种说法，将五方上帝中的少昊说成是第一个阉割牲畜的人。第二种说法，认为西汉时期的哲学家董仲舒首创骟法（一种以烙铁烧烙止血的马阉割术）。流传最广的是第三种说法，认为汉代华佗开创阉割业。阉割业也奉华伦为祖师，《鲁班书》《琐谈》《采风录》都记载了阉割业奉华佗为祖师，其根据是华佗残缺的医书中保存了阉割术的相关内容。

《三国演义》第七十八回写道：华佗将自己所写的医书《青囊书》交给狱卒吴押狱，希望他能继承自己的医术。但是吴押狱的妻子却将《青囊书》焚毁，只残存一两页，因此《青囊书》不曾传于世，流传下来的只有阉鸡、猪等小法。此故事源于《三国志·方伎传》："佗临死，出一卷书与狱吏，曰：'此可以治人。'吏畏法不受，佗亦不强，索火烧之。"但故事中并未提到传下阉割之法的事情。第四种说法，曹操把华佗下狱后，某狱吏出于正义感和同情心，对华佗十分照顾。华佗在狱中其实并未吃到苦头。华佗自忖曹操必杀他无疑，便将有关手术的笔记全部赠予狱吏，并亲自教会他各种手术的方法。华

佗被杀后，这狱吏就辞差回家专操此业。其妻大不以为然，骂道："如果华佗不会那些手艺，不致于被杀死。你莫非也在想死不成？"说着就将笔记抓过来丢到火塘里。狱吏急忙抢救，只将最后几篇讲阉割家畜和家禽的部分抢了出来，并流传至今。所以阉割业除供奉华佗为祖师外，还把那位不知姓名的狱吏敬为副祖师爷。因此帮中人自称"两祖会"。旧社会封建迷信意识很浓厚，认为搞这行的人断牲畜生殖，自己也要断子绝孙，所以从业者不多，也不能正式建立本行祖师爷神像庙宇，这种现象被从业者称为"立会难立庙"。

传说华佗是在农历七月十三日这天被曹操杀害的，

各地同事通报，禁止违规者继续从事这个行业。

四、贩猪神

想要贩猪得利，就需要贩猪神护佑。

旧时四川东部地区贩猪人尊四官菩萨、朱氏夫人、康氏夫人三位神明为祖师。据说三位神明都是好吃之神，敬之以香、烛、纸钱、刀头、酒。以贩猪者敬四官菩萨为例，行内相传，四官菩萨正月初一酉时生，是时，煮一刀头，用红纸写一香位：四官菩萨香位。香位贴于猪圈门口，倒一杯开水置于圈门口，一边烧纸钱一边请四官菩萨进圈。待一炷香工夫，敬酒并祷告："四官菩萨，送你回老家，明年初一又请你，保我六畜兴旺。"最后烧掉

所以阉割上会在这一天祭拜华佗。旧时一个地方的劁割匠们平日都在一家固定的茶馆聚会和互通信息。每到农历七月十三日这天，一早便到茶馆内公推出来的首事师傅处报到，并纳份子钱。首事负责统计人数备办酒席，每人所缴份子钱数目是不相同的，规矩是七月初十起至十二这三天的收入全交，不能隐瞒分文，否则不但要按规矩永远逐出帮会，还要向州、府、县、城、乡、村等

纸香位，请四官菩萨出圈。

五、屠宰神和肉铺神

屠宰业和肉铺所奉祖师有樊哙、张飞、关羽、玄天上帝、三圣财神等。

宋代一些地区的屠宰业奉樊哙为祖师。宋代方勺所著《泊宅编》中提到："今西北屠者皆祭樊哙。"屠宰业奉樊哙为祖师，因他是屠户出身。《史记·樊郦滕灌列传》载："舞阳侯樊哙者，沛人也，以屠狗为事，与高祖俱隐。"沛县民间传说，刘邦年少时很穷，常白吃樊哙的狗肉。樊哙为躲开刘邦，便到沛水河东去卖狗肉。刘邦想过河去找樊哙，但无钱渡河，恰有一老鼋游来，驮着刘邦过了河。盛怒之下，樊哙就把老鼋杀了，并与狗肉一起煮，没想到味道格外鲜美。刘邦得知樊哙杀了老鼋，很生气，就把樊哙的切肉刀没收了。从此沛县卖狗肉的商贩都只能和樊哙一样用手撕肉。狗肉至今仍是沛县特产。

清代以来，各地屠宰业奉张飞为祖师。《鲁班书·九老十八匠》认为屠宰业的祖师是盘故醒侯帝，醒侯帝即张飞。《三国志·张飞传》载，张飞死后，"追谥飞曰桓侯"。"盘故"即盘古，

| 马师皇 |

| 可爱的卡通猪 |

风俗志·神祇》载："屠户供奉张飞。"在张飞的故乡河北涿郡（今涿县），屠牲帮奉其为祖师爷，逢其诞辰日，屠牲业停业一天，以行祭奠。又因有桃园三结义的故事，所以张飞有时与刘备、关羽合祀，祠庙称为三圣殿、三义庙等。如湖南不少地方的屠宰业所建祖师庙称三圣殿，殿中供刘、关、张三尊神像，但祖师仍是张飞。

民间常常将很早以前的事说成"盘古那会儿"，所以这句话的意思是，祖师是盘古时候的人，或说祖师创业始自盘古开天地。四川屠宰业普遍奉张飞为祖师。自贡至今尚存建于乾隆年间的规模宏丽的祖师庙，称为桓侯宫，又叫张爷庙。内江、新津屠宰业每年农历八月二十三日办会，营山屠宰业每年农历六月二十三日办会，郫县屠宰业每年农历四月初四办会，均祀张飞。浙江《金华地方

屠宰业奉张飞为祖师，是因为相传张飞是屠户出身。此说不见于《三国志》，而见于《三国演义》。书中写刘备与张飞初识时，张飞自我介绍说："世居涿郡，颇有田庄，卖酒屠猪，专好结交天下豪杰。"清代褚人获的《坚瓠集·秘集》卷三《指关为姓》条所记"一龙

分二虎"的传说广为流传：关羽杀人后逃亡至涿州。"张翼德在州卖肉，其买卖止于上午。至午即将所存下悬井中，举五百斤大石掩其上，任有势力者不能动。且示人曰：'谁能举此石者，与之肉。'公（关羽）至时，适已薄暮，往买肉，而翼德不在肆。人指井谓之曰：'肉有全肩，悬此井中，汝能举石，乃可得也。'公举石，轻如弹丸，人共骇叹。公携肉而行，人莫敢御。张归，闻而异之。追及，与之角力，力相敌，莫能解。而刘玄德卖草鞋适至，见二人斗，从而御止。三人共谈，意气相投，遂结为桃园之盟。"

西宁肉食业奉祀张飞，每年在其诞辰日举行庙会，当天要请秦腔戏班在桓侯庙

唱行会戏。《九行十六社》载，由屠户和肉铺组成的得胜社，每年二月二十九日在关帝庙过会，供关公为祖师。大概因屠宰、卖肉皆用刀，关公也用刀的缘故。旧时北京卖猪肉的奉三圣财神为祖师，有"三圣老会"，每年三月十六日祭祖师。三圣据说是关公、平天大帝和火神。

除此之外，一些地方的

屠宰业供奉玄天上帝，即真武大帝。玄天上帝本为人格化的北方星神，但屠宰业将其传说为一位屠夫，故奉之。传说之一：古时有一位屠夫，觉得杀生不是善举，便放下屠刀，进山修炼，受到观音感召，剖腹洗罪而死，此举感动了上苍，谥号为玄天上帝。传说之二：有位屠夫想到昆仑山参拜观音，因杀孽太重，没能进入圣地，于是

| 张飞像 |

屠夫剖腹取出内脏，以示清净、虔诚。上天感动，便把他的胃化为龟，肠化为蛇，载着屠夫飞上天境，成为玄天上帝。

六、火腿神

中国火腿以金华出产的最为有名，火腿神也与金华火腿有关。

该业奉宗泽为祖师，其由来传说很多，其一说：北宋抗金名将宗泽是金华义乌人。在抗击金兵入侵的战争中，金华义乌的乡亲们把自己腌制的"金华两头乌"猪腿送往前线，慰劳将士，深受欢迎，因此猪腿亦名"家乡肉"。宗泽元帅把一部分猪腿献给了皇上。皇上尝后十分欢心，令取来整腿来看，用刀斩开，一股奇香扑鼻而

入，剖开断面血红如火，便欣然挥笔写下了"火腿"二字，火腿之名便由此而来。以往火腿店开业都要挂宗泽画像，并点香火。据史料考证，金华火腿历史悠久，始创于宋代，至今已有900余年历史，是我国各类火腿的鼻祖。虽然如此，宗泽与火腿有关的种种传说于史无证。金华火腿业所以奉其为祖师，大概因他是金华人，又是抗金名将，其生活时代与火腿产生时间接近，故乐于附会到他身上以炫耀行业。

| 玄天上帝像 |

晚唐以来，随着经济的发展，手工行业日趋繁盛。各行各业为了维护自身的利益，各自组成行帮、行会，各帮各会都选定在历史上或古老传说中本行业的创造者

| 关羽像 |

| 宗泽像 |

行业祖师神。与猪相关的各路神仙即是这种历史背景下的民俗文化产物。同其他行业神一样，与猪相关的行业众神，以虚构和附会为主。如上所述，他们或在落魄时曾操此业糊口，如樊哙、张飞；或与此业始发地区有乡贤关系，如宗泽；或曾写过相关方面的著作，如华佗。他们之所以为神，都属附会之列。

或行业中的机智人物，塑像立庙，顶礼膜拜，尊奉为本

生肖猪与民俗

| 生肖猪与民俗 |

十二生肖源自远古特定动物纪时、纪年的"兽历"传统，是原始宗教中动物崇拜的古老文化现象，并于历史长河中不断积淀、锤炼、发展、创新，形成独具特色的文化。然而，多种论证方式表明，生肖文化除作为传统习俗外，在很多时候却是让人迷信宿命论的始作俑者。因此，本章首先是破除生肖迷信，其次为展现风格各异的与生肖猪有关的民俗，以便理解其内涵。

一、破除生肖迷信

中国星相命理学根据五行学说，编造出一套宿命论，让人们去相信所谓的生肖迷信。生肖猪也不例外，如生于不同猪年的人有火猪、土猪、木猪、金猪、水猪之分，并根据他们所谓的"命理"去推算一个人的吉凶祸福。人们出于趋吉避凶的心理，通常持有"宁可信其有，不可信其无"的态度，往往会相信那些无稽之谈。而其实，那些所谓"五行相生相克"的说法是没有科学根据的。春秋时期提出的五行学说原本是一种朴素的唯物主义思想，但到了战国时期，邹衍（阴阳学派的代表人物）把它套用到了社会历史上去，使之性质开始转变；汉代，

一些阴阳家和方士把五行学说与生肖文化相结合，走入唯心主义歧途；后来，星相命理学家以此来推断人一生的命运就更加荒谬了，完全陷入了唯心主义宿命论之中。

东汉王充就在《论衡·物势篇》中对之进行了驳斥。他认为，午是火是马，子是水是鼠。根据水克火的说法老鼠应该去赶马，为什么在实际中却见不到呢？还有，酉是金是鸡，卯是木是兔，根据金克木的说法，鸡应该去啄兔；亥是水是豕，戌、丑、未都是土，它们的肖兽分别是犬、牛、羊，根据土胜水的说法，犬、牛、羊应该去杀猪；巳是火是蛇，申是金是猴，根据火胜金的说法，蛇应该吃猴子，但为什么在现实生活中，这些现象却很难见到呢？

王充的这一论述有力地打击了星相命理学所谓的"五行相生相克"说。古人尚能有如此清晰的认识，当下的我们则更应破除生肖迷信思想。

二、生肖猪民俗

关于生肖猪的民俗，各民族、各国都各有不同，以下举例以飨读者。

（一）用猪肉祈人安求太平

旧时，这一习俗普遍存在于无食用猪肉忌讳的民族和地区。

四川一些地区在木船开航时要先敬神，旧称"敬王爷"，嘉陵江船工称"敬老爷"，以求神保佑船、人平安。一般大船杀两只公鸡，小船杀一只公鸡，用鸡血沾鸡毛粘三处，一是龙头枋的"镇江王爷"，二是太平舱的"护江王爷"，三是五马担管纤道的"梅花菩萨"。把煮熟的雄鸡和猪肉摆在船头龙头枋正中"神桩"处，点燃香烛，焚烧纸钱，求王爷菩萨保佑航行平安。这里，鸡谐"吉"音，牲祭的主要祭品便是猪肉刀头。

①冢妇，古时指一家中嫡长子的正妻。

满族跳神用猪肉作为主要祭品，是这一类习俗中比较典型的。据《吉林通志·礼仪民俗》（1928 年版）中的"跳神"条记载：满人有病必跳神，也有无病而跳神的。富贵之家，或一月一跳，或一季一跳，到年底则没有不跳的。跳神之前，先于墙院南隅立一丈余高细木，置斗其上，谓之"竿"。祭时，把肉放于斗中，有鸟来啄食，谓为"神享"。跳神者或为女巫，或为冢妇①，以铃系

臀后，摇之作声。以手击鼓，鼓以单牛皮冒铁圈，以数枚环为柄，且击且摇，其声索索然。口颂祷词，其词不可辨。祷毕，跳跃旋转，有老虎、回回等各种名称的角色。祭祀供品为猪肉及飞石黑阿峰（即黏谷米糕）。跳毕，以飞石黑阿峰遍馈邻里、亲族，而猪肉则拉人于家中食之，以尽为度，不尽以为不祥。又有《绝域纪略》记载：跳神如同祭祀先人。率女子为之，头戴如兜鍪状物，腰系裙，累累戴诸铜铁，摇曳之

有声；口喃喃，鼓嘈嘈。把一头捆着的猪放在用竹竿、布条等垫着的炕上，以酒灌其耳与鬣，耳、鬣动即吉。手刃之，取其肠胃，用手拿着，观察吉凶兆。跳毕，则召诸亲戚啖其肉，酌以米儿酒，尽醉饱；不许怀藏肉出其门，那样会惹神怒。

民间传说也解释过满族的祭竿：满族的祖先逃难到山谷，躲于荒野之中，就快要被追捕者找到了。这时，一群乌鸦飞来，停留在他附近，追捕者遥望乌鸦栖身处心想：如果有人躲在那儿，一定会惊起乌鸦。而那里乌鸦成群，不可能有人躲在那儿。于是便没去他藏身之处搜寻。由此，满族人的祖先才得以逃脱追捕。自此，满族后人感德乌鸦，便手持"挈

| 满族跳神 |

竿"（满族先人入山挖参，披草芥，防备野兽的木棍）竿顶置圆碗，将食物放于碗中，插于地，招乌鸦来吃。

所以，满族跳神，祭仪乃是其祖先遇难得救及生活习俗的神化，其实质是祈求祖先庇佑。

| 马王爷像 |

（二）用猪肉祈畜安、求发财

中国大部分祭祀中，都是无猪不成祭。向相关的神祈降畜安，自然也离不开猪。据《吉林通志·岁时民俗》（1934 年本）记载：二十三日为"马王诞日"，农户备猪祭于庙，说是如果能够得到马王爷的欢心则有利于家中饲养牲畜。传统农耕经济在一定程度上要仰赖牲畜，且不说耕地拉车离不开它们，庄稼本身也需要粪肥，有道是"庄稼一支花，全靠粪当家"。所以，人便将希望寄托在神灵身上，向神灵献殷勤，祈望神灵福佑六畜兴旺。

（三）用猪肉祈丰年求幸福

在我国东北地区，农历二月二普遍有食猪头祈丰年之俗。如《吉林新志·岁时民俗》（1934年版）记载：二日为"雨节日"，各家把新年没有吃的猪头、猪蹄留到这天吃。故有谚语：二月二，龙抬头；天上下雨，地下流；家家户户吃猪头。这天清晨，还要在门前及院中用柴火灰画圆圈，圈外并画梯子形与圆圈相接，是谓"打灰囤"，意为稻谷堆了一囤又一囤都堆不下了，还在用梯子把它们加高，即祈求丰收之意。

吉林各地多有此俗，皆大同小异。那么都吃猪头的原因何在？原来，五千多年前东北民间传说中的龙即为猪龙——龙头即猪头。现代用来祭"龙抬头"祈丰年的猪头就是非同寻常的"龙头"。因此，以猪头祭"龙抬头"就吉祥之至了。

（四）纳西族祭猪会

祭猪会是纳西族旧时农事、祭祀的节日。纳西语叫"布颂"，又叫"东山庙会"。该节日在每年农历二月初九举办。这一天，纳西族的女人们要带上一盘蚕豆，到东山庙祭拜一头木雕肥猪，以求六畜兴旺。届时，姑娘们都盛装前往，小伙子们则等

| 猪龙形玉佩 |

候在路旁，在看到姑娘们后，大胆地向她们讨糖饼吃，借此搭话，达到互相结识和进一步交往的目的。所以，此会又成了青年男女进行社交和恋爱活动的集会。

（五）掐猪耳祭祖

"掐猪耳"是水族语言的音译，意为"掐猪耳祭祖"，它是水族待客礼仪之一。贵客来到，主人往往要杀小猪款待，并且多把小猪头煮熟先拿来供祭，吃罢稀饭之后，再切开做菜待客。如客人不急于辞行，猪头常放在辞行席来享用。如果是婚嫁时杀的猪，或是招待亲家所杀的猪，供祭时双方围着祭桌，掐一掐猪耳表示开祭，然后由客方先念一套祝福的祭词："今天是暖和的日子，今天是吉利的日辰，杀小猪，敬祖宗；敬美酒，洒甘醇；

| 水族祭祖 |

敬给两头公老，洒给两边亲戚……希冀双方平安幸福，情谊如海深，友爱像江河永不息。"边念边用筷子蘸酒，这种礼仪既表示对主人祖先的崇奉又表示感谢主人的盛情款待，是双方加深友谊的方式。之后，主人也念相应的祝词。供祭完毕，主客双方才会入席。

与生肖猪有关的诗词

| 与生肖猪有关的诗词 |

国风·召南·驺虞

彼茁者葭，壹发五豝，

于嗟乎驺虞！

彼茁者蓬，壹发五豵，

于嗟乎驺虞！

国风·豳风·七月

（摘录）

二之日其同，载缵武功。

言私其豵，献豜于公。

小雅·吉日（摘录）

既张我弓，既挟我矢。

发彼小豝，殪此大兕。

以御宾客，且以酌醴。

小雅·渐渐之石

（摘录）

有豕白蹢，烝涉波矣。

月离于毕，俾滂沱矣。

武人东征，不皇他矣。

天问（摘录）

战国·屈原

冯珧利决，封豨是射。

何献蒸肉之膏，而后帝不若？

大招（摘录）

战国·景差

魂乎无西！西方流沙，

漭洋洋只。

豕首纵目，被发鬤只；

长爪踞牙，诶笑狂只。

魂乎无西，多害伤只。

豪彘赞

晋·郭璞

刚鬣之族，号曰豪彘。

毛如攒锥，中有激矢。

厥体兼资，自为牝牡。

封豕赞

晋·郭璞

有物贪婪，号曰封豕。

荐食无餍，肆其残毁。

羿乃饮羽，献帝效技。

诗三百三首（摘录）

唐·释寒山

猪吃死人肉，人吃死猪肠。

猪不嫌人臭，人反道猪香。

猪死抛水内，人死掘土藏。

彼此莫相啖，莲花生沸汤。

田家（摘录）

唐·王绩

阮籍生涯懒，嵇康意气疏。

相逢一醉饱，独坐数行书。

小池聊养鹤，闲田且牧猪。

草生元亮径，花暗子云居。

倚床看妇织，登垄课儿锄。

回头寻仙事，并是一空虚。

薛记室收过庄见
寻率题古意以赠（摘录）

唐·王绩

尝爱陶渊明，酌醴焚枯鱼。

尝学公孙弘，策杖牧群猪。

嘲武懿宗

唐·张元

长弓短度箭，蜀马临阶骗。

去贼七百里，隈墙独自战。

忽然逢著贼，骑猪向南趣。

烧歌（摘录）

唐·温庭筠

豆苗虫促促，篱上花当屋。

废栈豕归栏，广场鸡啄粟。

异俗二首（时从事岭南）·
其二（摘录）

唐·李商隐

户尽悬秦网，家多事越巫。

未曾容獭祭，只是纵猪都。

点对连鳌饵，搜求缚虎符。

贾生兼事鬼，不信有洪炉。

洛下寓怀

唐·薛能

胡为遭遇孰为官，

朝野君亲各自欢。

敢向官途争虎首，

尚嫌身累爱猪肝。

冰霜谷口晨樵远，

星火炉边夜坐寒。

唯有报恩心未剖，

退居犹欲佩芄兰。

答李滁州忆玉潭
新居见寄

唐·独孤及

从来招隐地，

未有剖符人。

山水能成癖，

巢夷拟独亲。

猪肝无足累，

马首敢辞勤。

扫洒潭中月，

他时望德邻。

二年三月五日斋
毕开素当食偶吟赠
妻弘农郡君（摘录）
唐·白居易
忆同牢卺初，家贫共糟糠。
今食且如此，何必烹猪羊。

选人歌
唐·无名氏
今年选数恰相当，
都由座主无文章。
案后一腔冻猪肉，
所以名为姜侍郎。

符读书城南（摘录）
唐·韩愈
两家各生子，提孩巧相如。
少长聚嬉戏，不殊同队鱼。
年至十二三，头角稍相疏。
二十渐乖张，清沟映污渠。
三十骨骼成，乃一龙一猪。

蒸豚
五代·紫衣师
嘴长毛短浅含膘，
久向山中食药苗。
蒸处已将蕉叶裹，
熟时兼用杏浆浇。
红鲜雅称金盘荐，
香软真堪玉箸挑。
若把膻根来比并，
膻根只合吃藤条。

煮猪头

宋·苏轼

净洗锅，浅著水，深压柴头莫教起。

黄豕贱如土，富者不肯吃，贫者不解煮。

有时自家打一碗，自饱自知君莫管。

闻子由瘦？

儋耳至难得肉食？

（摘录）

宋·苏轼

五日一见花猪肉，十日一遇黄鸡粥。

土人顿顿食薯芋，荐以熏鼠烧蝙蝠。

旧闻蜜唧尝呕吐，稍近虾蟆缘习俗。

十年京国厌肥羜，日日烝花压红玉。

从来此腹负将军，今者固宜安脱粟。

留别廉守

宋·苏轼

编萑以苴猪，
瑾涂以涂之。

小饼如嚼月，
中有酥与饴。

悬知合浦人，
长诵东坡诗。

好在真一酒，
为我醉宗资。

北园杂咏

宋·陆游

短篷行乐出柴荆，雪意阑珊却变晴。

林际已看春雉起，屋头还听岁猪鸣。

岁未尽前数日偶题长句

宋·陆游

短褐潇潇一幅巾，明时乞与水云身。

平生不售屠龙技，投老真为种菜人。

釜粥芳香饷邻父，阑猪丰月腊祭家神。

联翩节物惊人眼，傩鼓停挝又见春。

祭灶词

宋·范成大

古传腊月二十四，灶君朝天欲言事。

云车风马小留连，家有杯盘丰典祀。

猪头烂热双鱼鲜，豆沙甘松粉饵团。

男儿酌献女儿避，酹酒烧钱灶君喜。

婢子斗争君莫闻，猫犬触秽君莫嗔；

送君醉饱登天门，杓长杓短勿复云，乞取利市归来分。

驱猪行

金·元好问

沿山莳苗多费力，办与豪猪作粮食。

草庵架空寻丈高，击版摇铃闹终夕。

孤犬无猛噬，长箭不暗射。

田夫睡中时叫号，不似驱猪似称屈。

放教田鼠大于兔，任使飞蝗半天黑。

害田争合到渠边，可是山中无橡术。

长牙短喙食不休，过处一抹无禾头。

天明垄亩见狼藉，妇子相看空泪流。

旱干水溢年年日，会计收成才什一。

资身百倍粟豆中，儋石都能几钱直？

儿童食糜须爱惜，此物群猪口中得，县吏即来销税籍！

金人出猎图

元·张雨

小队鸣箭晓出围，
地椒狼藉兽应肥。
上皇久厌腥羊粉，
故遣萧郎击豕归。

题富好礼所畜村乐（摘录）

明·刘基

市中食物贵百倍，
一豕之价过于牛。
鱼盐菜果来卖米，
官币束阁若赘瘤。

和陶归田园（摘录）

明·陈宪章

游目高原外，
披怀深树间。
禽鸟鸣我后，
鹿豕游我前。

二母彘

清·王廷绍

埘堺参差外，
三春豢豕时。
有朋夸硕大，
维母足蕃滋。
鸡口多休并，
猹牙耦未宜。
两肩桑影共，
一苙夕阳迟。
糠谷争尝壸，
泥涂负每随。
豚儿分就乳，
蚕妇偶窥饥。
问齿来邻舍，

寻声到短篱。

老人闲数日，

已近献豜期。

承宫牧豕

清·陈嵩庆

为贫甘牧豕，

辛苦记承宫。

不料求刍暇，

偏留好学功。

辨宁招苙异，

字想渡河同。

师授三余业，

人惊八岁童。

于牢何用执，

担笈岂徒工。

庐息心先往，

鞭驱愿欲空。

精神持卷后，

想象负图中。

归去明经好，

无妨守固穷。

春日游西湖书院（摘录）

清·张印

见我尊无酒，

命儿贷村酤。

又见食无肉，

命夫分社猪。

醉吟小猪

清·佚名

倚阑闲看小猪儿，

一个强梁把众欺。

纵使糟糠独食尽，

先肥未必是便宜。

图书在版编目（CIP）数据

生肖猪 / 黄清喜，张云红编著 ；张勃本辑主编. ——
哈尔滨：黑龙江少年儿童出版社，2020.2（2021.8重印）
（记住乡愁：留给孩子们的中国民俗文化 / 刘魁立
主编. 第十一辑，生肖祥瑞辑）
ISBN 978-7-5319-6470-4

Ⅰ．①生… Ⅱ．①黄… ②张… ③张… Ⅲ．①十二生
肖－青少年读物 Ⅳ．①K892.21-49

中国版本图书馆CIP数据核字(2019)第293897号

记住乡愁——留给孩子们的中国民俗文化　　　　　　刘魁立◎主编
第十一辑 生肖祥瑞辑　　　　　　　　　　　　　　　　张　勃◎本辑主编
生肖猪 SHENGXIAO ZHU　　　　　　　　　　黄清喜　张云红◎编著

出版人：商 亮
项目策划：张立新　刘伟波
项目统筹：华 汉
责任编辑：张愉晗　张 喆
整体设计：文思天纵
责任印制：李 妍 王 刚
出版发行：黑龙江少年儿童出版社
　　　　　（黑龙江省哈尔滨市南岗区宣庆小区8号楼 150090）
网　　址：www.1sbook.com.cn
经　　销：全国新华书店
印　　装：北京一鑫印务有限责任公司
开　　本：787 mm×1092 mm　1/16
印　　张：5
字　　数：50千
书　　号：ISBN 978-7-5319-6470-4
版　　次：2020年2月第1版
印　　次：2021年8月第2次印刷
定　　价：35.00元